ALTERNATOR BOOKS™ EN ESPAÑOL

MUJERES PILOTOS DE LA SEGUNDA GUERRA MUNDIAL

Lisa L. Owens

ediciones Lerner ◆ Mineápolis

Erin Juhnke, Profesor de Historia, Universidad de Briar Cliff

ediciones Lerner
Una división de Lerner Publishing Group, Inc.
241 First Avenue North
Mineápolis, MN 55401, EE. UU.

Si desea averiguar acerca de niveles de lectura y para obtener más información, favor consultar este título en .lernerbooks.com.

Fuente del texto del cuerpo principal: Aptifer Slab LT Pro Regular 11/18.
Fuente proporcionada por Linotype AG.

Library of Congress Cataloging-in-Publication Data

Names: Owens, L. L., author.
Title: Mujeres pilotos de la segunda guerra mundial / Lisa L. Owens.
Other titles: Women pilots of World War II. Spanish
Description: Minneápolis : ediciones Lerner, 2023. | Series: Alternator books en español | Includes index. | Audience: Ages 8–12 | Audience: Grades 4–6 | Summary: "Learn the about the brave pilots in the United States, Great Britain, and the Soviet Union who flew military planes for the Allies, blazing a path for women in the armed services. Now in Spanish!"— Provided by publisher.
Identifiers: LCCN 2022018583 (print) | LCCN 2022018584 (ebook) | ISBN 9781728477312 (library binding) | ISBN 9781728478104 (paperback) | ISBN 9781728480015 (ebook)
Subjects: LCSH: Women Airforce Service Pilots (U.S.)—Juvenile literature. | Women air pilots—United States—Juvenile literature. | Air pilots, Military—United States—Juvenile literature. | World War, 1939–1945—Aerial operations, American—Juvenile literature.
Classification: LCC D790.5 .O94 2023 (print) | LCC D790.5 (ebook) | DDC 940.54/4973082—dc23/eng/20220429

LC record available at https://lccn.loc.gov/2022018583
LC ebook record available at https://lccn.loc.gov/2022018584

Fabricado en los Estados Unidos de América
1-52367-50724-5/10/2022

CONTENIDO

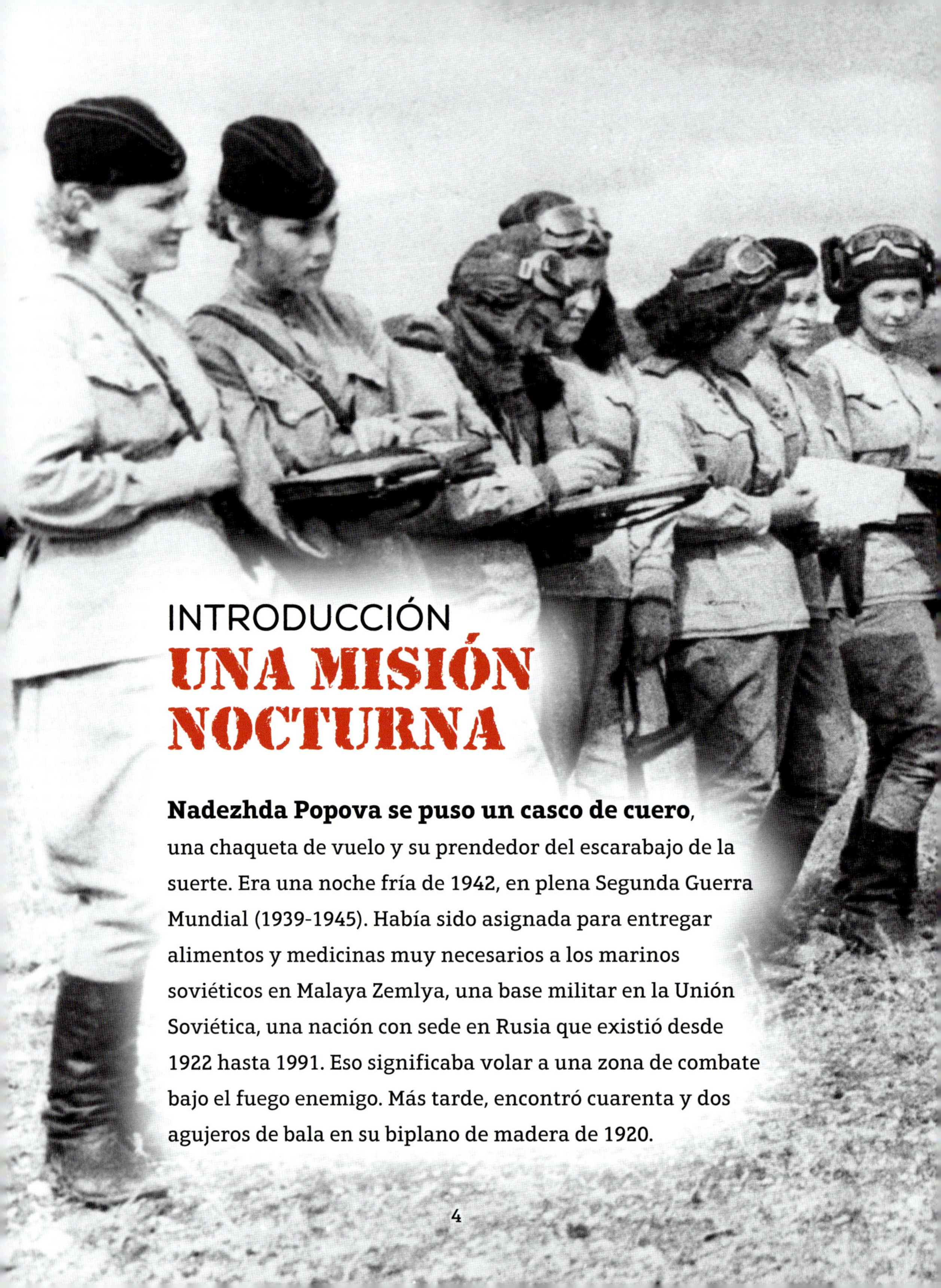

INTRODUCCIÓN

UNA MISIÓN NOCTURNA

Nadezhda Popova se puso un casco de cuero, una chaqueta de vuelo y su prendedor del escarabajo de la suerte. Era una noche fría de 1942, en plena Segunda Guerra Mundial (1939-1945). Había sido asignada para entregar alimentos y medicinas muy necesarios a los marinos soviéticos en Malaya Zemlya, una base militar en la Unión Soviética, una nación con sede en Rusia que existió desde 1922 hasta 1991. Eso significaba volar a una zona de combate bajo el fuego enemigo. Más tarde, encontró cuarenta y dos agujeros de bala en su biplano de madera de 1920.

Mujeres piloto del Regimiento de Bombardeo Nocturno reciben órdenes para una misión en 1944.

La misión era para el 588.º Regimiento de Bombardeo Nocturno de la Unión Soviética, una unidad de la fuerza aérea formada únicamente por mujeres. Cuando comenzó la guerra en 1939, los soviéticos no permitían que las mujeres combatan. Pero en octubre de 1941, la Fuerza Aérea Soviética necesitaba más pilotos. Estaban dispuestos a empezar a formar a las mujeres para el trabajo.

Nadezhda Popova realizó su primer vuelo en solitario cuando tenía dieciséis años. Más tarde fue a la escuela de pilotos y se convirtió en instructora de vuelo.

Popova se unió con entusiasmo a su unidad a los diecinueve años. Todas las noches volaba en misiones para bombardear bases militares alemanas. Una vez, completó dieciocho bombardeos en una noche. Dijo que tenía que "navegar a través de un muro de fuego enemigo" casi siempre. En total, Popova realizó 852 misiones.

La Unión Soviética fue el único país aliado que envió mujeres piloto al combate durante la Segunda Guerra Mundial. Pero muchas otras mujeres piloto sirvieron a las naciones aliadas. Todas ellas desempeñaron un papel importante al servicio de sus países y ayudaron a los Aliados a ganar la guerra.

Dos miembros del Regimiento de Bombardeo Nocturno

CAPÍTULO 1

EL AUGE DE LAS MUJERES PILOTO

Cuando Pauline Gower, una joven británica de diecinueve años, les dijo a sus padres que quería ser piloto, ellos se negaron a apoyarla. En aquella época, no era habitual que las mujeres fueran pilotos, y mucha gente creía que las mujeres no debían pilotar aviones. Pensaban que las mujeres no eran lo suficientemente fuertes o tranquilas para ser pilotos.

Gower saluda desde su avión antes de un vuelo en 1940.

Pero Gower estaba decidida. Dio clases de violín para ganar dinero y empezó a tomar clases de vuelo. Rápidamente obtuvo su licencia de piloto y, en dos años, tenía su propio avión y su propio negocio de vuelo.

EN BUSCA DE LAS CHICAS DE LA ATA

Cuando estalló la Segunda Guerra Mundial en 1939, Gran Bretaña sabía que no tendría suficientes pilotos para apoyar el esfuerzo bélico. Sir Gerard John Regis Leo d'Erlanger, director de British Airways, escribió al Ministerio del Aire

Sir Gerard John Regis Leo d'Erlanger

y sugirió que los pilotos de la Real Fuerza Aérea (Royal Air Force, RAF) podrían hacer mejor su trabajo en tiempos de guerra si los pilotos civiles transportaran los aviones desde las fábricas a las bases militares. El Ministerio del Aire encargó a d'Erlanger la formación de una organización de pilotos civiles, llamada Auxiliares de Transporte Aéreo (Air Transport Auxiliary, ATA). Un mes después del inicio de la guerra, d'Erlanger había seleccionado a treinta hombres para servir en la ATA.

Dos meses después, la ATA comenzó a reclutar mujeres. Muchos en Gran Bretaña todavía estaban en contra de la idea de que las mujeres trabajaran como pilotos. C. G. Grey,

Un grupo de mujeres de la ATA con equipo de vuelo en 1940

Gran Bretaña reclutó mujeres para la Fuerza Aérea Auxiliar Femenina (*en la foto*). Estas mujeres no eran pilotos. En su lugar, trabajaban como mecánicas, electricistas, descifradoras de códigos y en muchas otras funciones.

editor de la revista *Aeroplane*, escribió: "Hay millones de mujeres en el país que podrían realizar trabajos útiles en la guerra. Pero el problema es que muchas de ellas insisten en querer hacer trabajos que son bastante incapaces de hacer".

Pero Pauline Gower, para entonces una conocida piloto, luchó a favor de que la ATA reclutara mujeres. La ATA pronto la incorporó para formar una sección femenina del grupo. El programa comenzó con solo ocho mujeres piloto.

Jackie Cochran comenzó a volar en 1932. Después de la guerra, se convirtió en la primera mujer en volar más rápido que la velocidad del sonido.

UN PROGRAMA PARA PILOTOS EN ESTADOS UNIDOS

Mientras tanto, en Estados Unidos, Jacqueline (Jackie) Cochran, campeona de carreras aéreas, estaba tramando sus propios planes. Creía que el ejército estadounidense debía reclutar mujeres piloto. En 1939, Cochran presentó sus ideas a Eleanor Roosevelt, quien le sugirió que hablara con el comandante del Cuerpo Aéreo del Ejército, el general

H. H. Arnold. Este rechazó sus ideas. Pero en 1941, Estados Unidos seguía de cerca la guerra en Europa. Arnold pidió a Cochran que llevara a veinticinco mujeres piloto a Inglaterra para estudiar la ATA. Si Estados Unidos ponía en marcha un programa para mujeres piloto, la consultaría a ella.

HÉROE DESTACADO

Nancy Harkness Love comenzó a volar en 1930 a la edad de dieciséis años. En 1940 conocía a muchas mujeres piloto con experiencia de vuelo y sabía que estas mujeres podrían ser útiles durante la guerra. Recomendó al ejército que reclutara mujeres piloto para el transporte de aviones.

En 1942, el ejército aprobó la creación de un escuadrón de vuelo femenino, el Escuadrón Auxiliar Femenino de Transporte (Women's Auxiliary Ferrying Squadron, WAFS), con Love como directora. En 1943 ya estaba al mando de cuatro escuadrones del WAFS.

CAPÍTULO 2

FORMACIÓN DE PILOTOS

En Inglaterra, Cochran voló a las órdenes de Gower y aprendió a dirigir un programa de pilotaje que se ajustara a las necesidades del ejército estadounidense. Pero en 1942, regresó a Estados Unidos y descubrió que el ejército ya había puesto en marcha un programa para mujeres piloto sin consultarla. Cochran se reunió rápidamente con Arnold. Lo convenció para que iniciara un segundo programa, el Destacamento de Entrenamiento Femenino de Vuelo (Women's Flying Training Detachment, WFTD), con Cochran al frente.

Miembros del WFTD de camino a clase

Mujeres piloto se preparan para un vuelo de entrenamiento en Avenger Field en 1944.

AVENGER FIELD

En 1943, el WAFS y el WFTD se combinaron para formar el Servicio de Mujeres Pilotos de la Fuerza Aérea (Women Airforce Service Pilots, WASP), dirigido por Cochran. Más de veinticinco mil mujeres solicitaron ingresar. Solo unas mil ochocientas pasaron el corte. Las mujeres empezaron a entrenarse en Avenger Field, en Sweetwater (Texas). Las pilotos se sometieron a seis meses de entrenamiento de vuelo y escuela de tierra, incluidas clases de matemáticas, física, meteorología y navegación. Practicaron volar de día y de noche. Tenían que estar preparadas para hacer frente a cualquier desafío que pudiera ocurrir durante el vuelo.

Vuelos de mujeres piloto estadounidenses durante la Segunda Guerra Mundial

EL WASP EN ACCIÓN

Solo 1,074 mujeres se graduaron del difícil programa de entrenamiento. Luego se dirigieron a las bases militares de todo el país. Además de volar aviones desde las fábricas hasta las bases militares, también probaban aviones y remolcaban blancos que los soldados hombres utilizaban para practicar tiro.

Deanie Parrish remolcó objetivos en la base aérea de Tyndall, en Florida. "Estos [soldados] eran 'artilleros verdes'", dijo, "lo que significa que estaban aprendiendo y algunos no podían disparar tan directamente como otros". El trabajo era especialmente peligroso porque pilotaba un B-26 Martin Marauder. El avión recibió el apodo de Flying Coffin (ataúd volador) porque muchos pilotos consideraban que era demasiado peligroso volar en él. Pero Parrish dominó el avión, que pronto se convirtió en su favorito.

CTIM DESTACADO

Las pilotos tenían que ser capaces de volar (y aterrizar) incluso si estaba demasiado oscuro o nublado para ver a dónde iban. El simulador de vuelo Link las ayudó a entrenarse para esta posibilidad. El aparato se parecía a la cabina de un avión pequeño. Las pilotos aprendieron a calcular su ubicación y ruta utilizando únicamente el panel de instrumentos, los mapas y las señales de radio. Más tarde, utilizaron las mismas habilidades durante los vuelos reales.

CAPÍTULO 3

EL BUEN COMBATE

Aunque la mayoría de las mujeres piloto nunca entraron en combate, a menudo estuvieron en peligro durante sus vuelos. Volaban los mismos aviones que los pilotos militares hombres. Los aviones y el equipo podían funcionar mal, y el tiempo podía ser imprevisible.

Las WASP llevan su equipo de vuelo en una base del ejército en Delaware.

Una piloto estadounidense se prepara para subir a su avión en 1943.

EQUIPO DE SEGUNDA CLASE

Margaret Phelan Taylor estaba en el aire en algún lugar entre Arizona y California cuando notó que había humo en su cabina. Sabía que debía saltar del avión si algo iba mal durante el vuelo. Pero el paracaídas era demasiado grande para ella, y podía ser peligroso saltar con un paracaídas que no le quedaba bien. Así que decidió quedarse en el avión hasta que vio las llamas. Afortunadamente, el problema resultó ser un instrumento quemado.

Las mujeres piloto del 125.° Regimiento de Bombardeo la Guardia de la Unión Soviética eran a menudo demasiado bajas para volar cómodamente sus aviones, y los pilotos hombres no confiaban en la fuerza y las habilidades de las mujeres.

Las pilotos soviéticas también luchaban con un equipo que no se ajustaba correctamente. Llevaban uniformes y botas heredados de los pilotos hombres. Algunas mujeres rellenaban las botas con tiras de tela para adaptarlas. Las mujeres también volaban en viejos aviones de madera sin radios ni paracaídas. Pero las pilotos comprendían los peligros del combate y se sentían honradas de servir a su país. La piloto Katya Budanova pensó que si le ocurría algo, tanto ella como su fiel avión serían considerados héroes.

UN SACRIFICIO DIGNO

La piloto británico-argentina de la ATA, Maureen Dunlop, quería que se permitiera a las mujeres entrar en combate.

CTIM DESTACADO

Las WASP realizaron vuelos de prueba en el bombardero Boeing B-29 Superfortress introducido durante la Segunda Guerra Mundial. El B-29 fue uno de los primeros aviones militares con áreas presurizadas para la tripulación. Esto permitía a la tripulación respirar con seguridad a mayores alturas. De lo contrario, habrían necesitado voluminosas máscaras de oxígeno que restringían sus movimientos.

Maureen Dunlop posa para una foto tras un vuelo en 1944.

"Pensé que era lo más justo", dijo. "¿Por qué deberían morir solamente los hombres?"

Al igual que las pilotos de la ATA, las del WASP no volaron en combate. Pero muchas del WASP compartían la opinión de Dunlop. La piloto Charlyne Creger dijo: "Era un grupo raro en un momento raro que tenía algo que ofrecer y lo ofreció. Incluso si eso significaba que estaban ofreciendo sus vidas. Era así de importante". En total, quince mujeres ATA, treinta y ocho WASP y treinta miembros del 588.º Regimiento de Bombardeo Nocturno murieron en servicio de sus países.

HÉROE DESTACADO

La piloto Hazel Ying Lee se unió a las WASP en 1943. Fue la primera mujer chino-estadounidense en volar aviones militares de EE. UU. En noviembre de 1944, Lee estaba en una misión para llevar un avión de combate P-63 de Nueva York a Montana. Cuando se preparaba para aterrizar en Montana, la torre de control envió por error otro P-63 a la misma pista. El accidente dejó a Lee con graves quemaduras. Murió dos días después.

CAPÍTULO 4
UN LEGADO DURADERO

Al final de la guerra, muchas mujeres pilotos siguieron volando como instructoras o corredoras profesionales, o simplemente por diversión. Algunas no volvieron a volar. Pero todas tenían un fuerte sentimiento de orgullo por su servicio. Sin embargo, a diferencia de sus homólogos hombres, las mujeres piloto no obtuvieron inmediatamente el reconocimiento por su servicio durante la guerra.

La WASP Helen Snapp vuela en una misión en Georgia en 1944. Dejó de volar después de la guerra y se puso a trabajar en la Oficina de Correos de Estados Unidos. Snapp murió en 2013.

EN BUSCA DE UN ESTATUS

Las WASP no tenían estatus militar oficial. No se les concedieron honores militares, y las que murieron en servicio no recibieron funerales militares. Casi al final de la guerra, Jackie Cochran y el general Arnold trataron de conseguir el estatus militar oficial de las WASP. Sin embargo, el Congreso votó en contra del cambio. El programa WASP se disolvió en 1944.

Los registros del programa WASP no se publicaron hasta décadas después. En 1977, el Congreso votó a favor de otorgar a las WASP el estatus de veteranas. Recibieron la Medalla de Oro del Congreso en marzo de 2010, sesenta y cinco años después de la guerra. La medalla honra a los civiles por sus logros que contribuyen a la seguridad y la prosperidad de Estados Unidos.

Deanie Parrish acepta la Medalla de Oro del Congreso para sus compañeras WASP en 2010.

La ATA se disolvió en septiembre de 1945 al finalizar la Segunda Guerra Mundial. Sus miembros femeninos habían logrado la igualdad salarial con los hombres durante la guerra, pero siguieron esperando décadas para ser reconocidas. El Primer Ministro de Gran Bretaña entregó insignias de veterano a las mujeres piloto supervivientes de la ATA en 2008.

El ex primer ministro británico Gordon Brown se reúne con Maureen Dunlop durante un acto de homenaje a los hombres y mujeres que sirvieron en la ATA.

Muchas mujeres soviéticas también recibieron medallas y premios por su servicio. Veinticuatro miembros del 588.º Regimiento de Bombardeo Nocturno recibieron las estrellas de Héroe de la Unión Soviética, la más alta distinción por el servicio prestado al país.

A pesar de esperar años para el reconocimiento oficial, las mujeres piloto de la Segunda Guerra Mundial lograron lo que muchas de ellas se propusieron: sirvieron a sus países y demostraron que las mujeres podían volar en funciones militares. Los pilotos hombres solían despreciar a las mujeres. Algunos se negaron a volar o a entrenar con ellas. Pero en su discurso a las últimas graduadas de la WASP en 1944, el general Arnold dijo: "Ustedes y más de 900 de sus hermanas demostraron que pueden volar a la par de sus hermanos. Si alguna vez hubo alguna duda en la mente de alguien de que las mujeres pueden ser hábiles pilotos, las WASP han disipado esa duda".

Línea de tiempo

1939 septiembre	Alemania invade Polonia, lo que marca el inicio de la Segunda Guerra Mundial en Europa. Gran Bretaña forma la organización de Auxiliares de Transporte Aéreo (ATA), con Pauline Gower a cargo de la ATA femenina.
1941 junio	Jackie Cochran viaja a Inglaterra para observar la ATA femenina.
1941 octubre	La Fuerza Aérea Soviética forma tres unidades de mujeres piloto.
1941 diciembre	Estados Unidos entra en la guerra tras el ataque de Japón a Pearl Harbor.
1942 abril	La primera unidad de aviación soviética formada exclusivamente por mujeres vuela en una misión de combate.
1942 septiembre	El Escuadrón Auxiliar Femenino de Transporte (WAFS) comienza a volar bajo el mando de Nancy Harkness Love.
1943 agosto	El WAFS se fusiona con el Destacamento de Entrenamiento Femenino de Vuelo (WFTD) para formar el Servicio de Mujeres Pilotos de la Fuerza Aérea (WASP), bajo el mando de Jackie Cochran.
1944 diciembre	El WASP se disuelve.

1945 septiembre La Segunda Guerra Mundial termina con la victoria de los Aliados. La ATA se disuelve.

2008 febrero Las mujeres piloto supervivientes de la ATA reciben insignias de veteranas.

2010 marzo Las WASP reciben la Medalla de Oro del Congreso.

Notas de la fuente

6 Douglas Martin, "Nadezhda Popova, WWII 'Night Witch,' Dies at 91," *New York Times*, 2013 julio 14, http://www.nytimes.com/2013/07/15/world/europe/nadezhda-popova-ww-ii-night-witch-dies-at-91.html?mcubz=0.

10–11 "A Brief History of the Air Transport Auxiliary," British Air Transport Auxiliary, consultado el 2017 octubre 10, http://www.airtransportaux.com/history.html.

17 Chrissy Cuttita, "WASP Shares Her World War II Experiences," U.S. Air Force, 2006 marzo 30, http://www.af.mil/News/Features/Display/Article/143661/wasp-shares-her-world-war-ii-experiences.

21–22 Anne Keleny, "Maureen Dunlop: Pilot for the Air Transport Auxiliary Who Made the Cover of Picture Post," *Independent* (Londres), 2012 junio 10, http://www.independent.co.uk/news/obituaries/maureen-dunlop-pilot-for-the-air-transport-auxiliary-who-made-the-cover-of-picture-post-7834571.html.

22–23 "Video Projects," Wings across America, consultado el 2017 octubre 18, http://www.wingsacrossamerica.org/videos.html.

27 Susana J. Kelly, "WASPs: The World War II Women Who Flew," Wings across America, 1998 marzo, http://www.wingsacrossamerica.us/wasp/resources/kelly.html#27.

Glosario

Aliados: naciones que incluyen a Estados Unidos, Gran Bretaña y la Unión Soviética que lucharon contra Alemania y otras potencias del Eje durante la Segunda Guerra Mundial

altitudes: alturas sobre el nivel del mar

civil: personas que no son miembros del ejército

combate: lucha activa en la guerra

presurizado: aumento de la presión del aire en un espacio cerrado

reclutamiento: búsqueda de personas para unirse a un grupo, organización o unidad militar

simulador: dispositivo que ayuda al operador a entrenar en condiciones similares a la situación real

soviético: relativo a la Unión Soviética, nación con sede en Rusia que existió desde 1922 hasta 1991

veterano: alguien que ha servido en el ejército

Más información

Doeden, Matt. *Aviadores de Tuskegee*. Mineápolis: ediciones Lerner, 2023.

Ducksters: US Women of WWII
http://www.ducksters.com/history/world_war_ii/us_women_in_ww2.php

Garstecki, Julia. *WASPs*. Mankato, Minnesota: Black Rabbit Books, 2017.

National WASP WWII Museum
http://waspmuseum.org/

Sherman, Jill. *Eyewitness to the Role of Women in World War II*. Mankato, Minnesota: Child's World, 2016.

Women in Aviation: The Women's Section of the Air Transport Auxiliary
https://www.wai.org/pioneers/2008/womens-section-air-transport-auxiliary

Índice

Créditos por las fotografías

Las imágenes de este libro se utilizan con el permiso de: © iStockphoto.com/akinshin (fondo de alambre de espino); Sovfoto/UIG/Getty Images, pp. 4-5, 29 (izquierda); AF Fotografie/Alamy Stock Photo, p. 6; TASS/Getty Images, p. 7; Imperial War Museums/ Wikimedia Commons (dominio público), p. 8; Mark Kauffman/The LIFE Picture Collection/Getty Images, p. 9; Popperfoto/Getty Images, p. 10; Planet News Archive/ SSPL/Getty Images, p. 11; Bettmann/Getty Images, pp. 12, 18; © U.S. Air Force/Courtesy of Woman's Collection, Texas Woman's University, p. 13; Peter Stackpole/The LIFE Picture Collection/Getty Images, p. 14; United States Army Air Forces/Wikimedia Commons (dominio público), p. 15; © Laura Westlund/Independent Picture Service, p. 16; Wikimedia Commons (dominio público), p. 17; Peter Stackpole/Life Magazine/ Time & Life Pictures/Getty Images, p. 19; AFP PHOTO/RIA NOVOSTI/Getty Images, p. 20; © U.S. Air Force, pp. 21, 24, 28; Leonard McCombe/Picture Post/Hulton Archive/Getty Images, p. 22; U.S. Air Force/Wikimedia Commons (dominio público), p. 23; © U.S. Air Force photo by Staff Sgt. J. G. Buzanowski, p. 25; Carl Court/PA Images/Getty Images, p. 26; Sovfoto/UIG/Getty Images, p. 29 (izquierda); Popperfoto/Getty Images, p. 29 (derecha).

Portada: PhotoQuest/Getty Images (mujeres); © iStockphoto.com/akinshin (fondo de alambre de espino); © iStockphoto.com/ElementalImaging (fondo de camuflaje); © iStockphoto.com/MillefloreImages (fondo de bandera).